ALPHABET

DES

ANIMAUX DOMESTIQUES

OLIVIER-PINOT Imprimeur Editeur
à Epinal Vosges.
Déposé P.V.

ALPHABET ILLUSTRÉ

DES

ANIMAUX DOMESTIQUES

OLIVIER-PINOT IMPRIMEUR ÉDITEUR
ÉPINAL (Vosges)

A B C D E

F G H I J

K L M N O

P Q R S T

U V X Y Z

a b c d e f g h

i j k l m n o p q

r s t u v x y z

1 2 3 4 5 6 7 8 9 0

Le COQ est le ROI de la Basse-cour.

Comme il se redresse fièrement pour montrer
sa CRÈTE ROUGE, ses BELLES PLUMES
et chanter:
KO-KO-RO-JO! KO-KO-RO-JO!

ARROSOIR Pour mettre l'**EAU**. Pour ar ro ser les **FLEURS**, le **JARDIN** quand il fait chaud.

ARROSOIR.

BOUTEILLES. Pour mettre et con ser ver le **VIN**, la **BIÈRE**, le **CIDRE** et les **LIQUEURS**.

BOUTEILLES.

CARAFE pour mettre sur la **TABLE** l'**EAU** pour boire.

CARAFE.

DADA le beau **CHEVAL** de bois. Pour amuser les petits **GARÇONS** bien sages.

DADA.

1.

LA POULE.

C'est elle qui pond les BONS ŒUFS
pour faire les Omelettes elle couve et
fait éclore les Petits Poulets les conduit,
elle appelle Kot kot kot!! pour leur
apprendre à trouver la nourriture.

E

EN CRIER et **PLU MES** Pour é cri re. **FLA CON** Pour met tre la **LI QUEUR.**

ENCRÎER.

F **G**

GA TEAUX. Pour don ner aux pe tits **EN FANTS** bien sa ges.

FLACON.   GÂTEAUX.

H **I**

HAN NE TON vo le, vo le, vo le. **I MA GES**

HANNETON.   ÎMAGES. Po li chi nel, Pier rot.

J

JOU JOUX Pour s'a mu ser. **POU PÉE BAL LON** Le petit **MOU T O N** **TROM PET TE, CER CEAUX.**

JOUJOUX.

2.

LE CHIEN.

VOILÀ LE GROS MÉDOR

L'AMI de JULIEN et de LOUISE, il joue avec eux, mais aussi ce sont de bons enfants qui ne lui feraient jamais de mal.

KE PI. Coiffure militaire.

KÉPI.

LAM PE. Pour é clai rer sur la TA BLE le SOIR.

LI VRES. Où il y a é crit de bel les HIS TOÏ RES. Pour AP PREN DRE et S'INS TRUI RE.

LAMPE.   LÏVRES.

ME LON très bon FRUIT. Quand il est bien mûr!

MELON.

Le jo li **NID** d'**OI SEAU.** Il y a des **ŒUFS** de dans. Le gen til **OI SAU.** Com me il CHAN TE BÏEN.

NÏD.   OÏSEAU.

3

L'ANE. LA BOURRİQUE

DE LA MÈRE JEANNETTE,

Sur son dos on met les Légumes
pour aller au MARCHÉ, mais la
Bourrique a mauvaise tête quand
elle trouve des Chardons il faut lui
donner des coups pour la faire avancer.

PANIER. Pour aller au MARCHÉ. Pour mettre les FRUITS, les LÉGUMES.

PANIER.

RQUILLES. Pour jouer avec des BOULES.

QUILLES.

ROUE.

ROUE. Pour faire rouler les VOITURES.

SONNETTE. Pour faire drelin, drelin, drelin.

SONNETTE.

TAMBOUR. Pour les SOLDATS et les petits GARÇONS, faire ran pa ta plan.

TAMBOUR.

4

AGNEAU. Regardez comme il est
doux et gentil le PETIT AGNEAU de
JULIE avec sa belle Laine blanche
et son Collier rose, comme il vient
manger dans la main de sa petite
MAÎTRESSE.

C'est que JULIE est bien bonne.

UR NE ou **VA SE.**
Pour met tre des
BOU QUETS, des
FLEURS.

URNE.(VASE.)

VER RES et **Bou teil les.**
Pour boire de **L'EAU,**
du **VIN,** du **SI ROP.**

VERRES.

XI LO CO PE. In sec te.

YA TA GAN.
Sa bre des
TURCS et des
A RA BES.

XILOCOPE.   YATAGAN.

ZO ZO le beau **CHIEN**
sa vant qui é tu die
sa **LE ÇON** avec des
LU NET TES.

ZOZO.

La VACHE et son VEAU.

Le plus utile des Animaux Domestiques.

C'est elle qui donne le bon LAIT, la CRÈME pour faire les tartines, le BEURRE pour faire les gâteaux que les petits enfants aiment tant et qu'on leur donne quand ils sont sages.

Mademoiselle Berthe la désobéissante qui vient de renverser l'encrier sur sa belle robe neuve; son papa lui avait bien défendu d'y toucher.

Berthe la désobéissante.

cher. Aussi le bon Dieu l'a punie; voilà qu'elle va être fouettée.

Louise est une jeune fille très studieuse, elle fait bien ses devoirs. Son petit frère veut aussi travailler comme elle mais il ne

Les bons petits enfants studieux.

fait que des pâtés avec sa plume garnie d'encre.

LE CHAT. La bonne MISKETTE
vient d'attrapper une Souris.

Elle est bien gentille Miskette quand on la caresse, mais elle a des Griffes bien pointues et fait très mal aux Enfants qui la taquinent.

Berthe vient encore de donner une preuve de son mauvais cœur, elle s'est moquée d'une pauvre mendiante et a voulu la battre; mais c'est elle qui a été battue. C'est bien fait?

La méchante Berthe est punie.

Louise a toujours un bon cœur aussi, près de sa mère, elle consacre tous ses moments à confectionner des chemises et des vêtements pour les enfants pauvres.

Louise travaille pour les pauvres.

LA CHÈVRE.

Voyez comme elle est gentille et
vient embrasser sa MAÎTRESSE,
elle aime à courrir, sauter, jouer,
puis elle donne encore du Bon Lait

Jules a été bien sage, aussi son Papa lui a acheté un beau tambour. Il fait ran plan, ra pa ta plan, plan plan.

Son petit frère qui apprend à marcher voudrait aussi avoir le tambour.

Voici le Printemps revenu. Tout reverdit dans la Campagne. Les Oiseaux chantent. Les Alouettes volent bien haut dans le Ciel en chantant : Tire lire ! Tire lire lire lire ! Les Cultivateurs labourent les Champs pour semer du Blé, des Pommes de terre.

Berger, prends garde à tes Moutons !
Voilà le Loup affamé qui accourt sur la lisière du Bois. Gare à ton Troupeau.
Tu sais que l'an dernier, le Brigand a enlevé deux de tes plus beaux Agneaux.

L'ANNÉE

IL Y A 4 SAISONS DANS L'ANNÉE:

LE PRINTEMPS, L'ÉTÉ, L'AUTOMNE ET L'HIVER.

Il y a 12 Mois dans l'Année:

JANVIER, FÉVRIER, MARS, AVRIL, MAI, JUIN, JUILLET, AOÛT, SEPTEMBRE, OCTOBRE, NOVEMBRE, DÉCEMBRE.

Il y a 7 Jours dans la Semaine:

LUNDI, MARDI, MERCREDI, JEUDI, VENDREDI, SAMEDI, DIMANCHE.

OLIVIER-PINOT Imprimeur Editeur.
ÉPINAL (Vosges)

ON TROUVE CHEZ LE MÊME ÉDITEUR:

ALBUMS D'IMAGES

Nouveau Syllabaire récréatif.
La Poupée merveilleuse.
Le petit Poucet.
Le Chaperon rouge.
Le Chat botté.
Cendrillon.
La Belle au bois dormant.
Peau d'âne.
L'Oiseau Bleu.
Robinson Crusoë.
Le Loup, la Chèvre et ses Biquets.
L'Éducation de la Poupée.
La S¹Nicolas.
Alphabet amusant.
Alphabet des Objets familiers.
Alphabet des Grandes Lettres.

Les Œufs de Pâques.
La Veillée de Noël.
Nos bons petits Oiseaux.
Les Jeux de l'Enfance.
Scènes enfantines.
Bonne maman Brebis.
Les Vacances de Paul.
Le Docteur Polichinelle.
Pierre et Madeleine.

Paul et Virginie.
Guillaume Tell.
Les Naufragés.
Joseph vendu par ses frères.
Fables de Florian.
Le Robinson suisse.

Nouvelles Publications. — Grands Albums illustrés.

Grand Alphabet des Animaux sauvages.
Grand Alphabet des Animaux domestiques.
(Promenades du Grand-Papa.) Histoire du Pain.
La Visite à la Ferme.

FABLES DE LA FONTAINE, 2 Volumes.

Imp. Lith. OLIVIER-PINOT Edit. à Epinal.

www.ingramcontent.com/pod-product-compliance
Lightning Source LLC
Chambersburg PA
CBHW061801040426

42447CB00011B/2405